FIESTAS

Día de las elecciones

Rebecca Rissman

Heinemann Library
Chicago, Illinois

S0-ANP-642

www.capstonepub.com
Visit our website to find out more information about Heinemann-Raintree books.

To order:
☎ Phone 800-747-4992
🖥 Visit www.capstonepub.com to browse our catalog and order online.

©2011 Heinemann Library
an imprint of Capstone Global Library, LLC
Chicago, Illinois

All rights reserved. No part of this publication may be reproduced or transmitted in any form or by any means, electronic or mechanical, including photocopying, recording, taping, or any information storage and retrieval system, without permission in writing from the publisher.

Edited by Adrian Vigliano and Rebecca Rissman
Designed by Ryan Frieson
Picture research by Tracy Cummins
Leveling by Nancy E. Harris
Originated by Capstone Global Library Ltd.
Printed in the United States of America in
North Mankato, Minnesota
Translation into Spanish by DoubleOPublishing Services

102016
010126RP

Library of Congress Cataloging-in-Publication Data
Rissman, Rebecca.
  [Election Day. Spanish]
  Día de las elecciones / Rebecca Rissman.
    p. cm.—(Fiestas)
  Includes bibliographical references and index.
  ISBN 978-1-4329-5393-5 (hc)—ISBN 978-1-4329-5412-3 (pb)
  1. Election Day—Juvenile literature. 2. Elections—United States—Juvenile literature. I. Title.
  JK1978.R5718 2011
  324.973—dc22   2010034166

Acknowledgments
The author and publishers are grateful to the following for permission to reproduce copyright material: Corbis ©BRENDAN MCDERMID/Reuters **p.5**; Corbis ©Bettmann **p.9**; Corbis ©Jeff Haynes/Pool/CNP **p.15**; Corbis ©Carlos Barria/Reuters **p.17**; Corbis ©Max Whittaker **p.19**; Corbis ©Guy Reynolds/Dallas Morning News **pp.20, 23**; Getty Images/Hola Images **p.4**; Getty Images/William Barnes Wollen **p.8**; Getty Images/Mario Tama **p.14**; Getty Images/Marc Serota **p.16**; istockphoto ©narvikk **p.21**; istockphoto ©John Clines **p.22**; Library of Congress Prints and Photographs Division **p.18**; Shutterstock ©Victorian Traditions **p.13**; The Granger Collection, New York **pp.6, 10, 11, 12**.

Cover photograph of American voting pins reproduced with permission of Getty Images/Comstock. Back cover photograph reproduced with permission of istockphoto ©narvikk.

Every effort has been made to contact copyright holders of any material reproduced in this book. Any omissions will be rectified in subsequent printings if notice is given to the publisher.

Contenido

¿Qué es una fiesta?

Las personas celebran las fiestas.
Una fiesta es un día especial.

El Día de las elecciones es una fiesta.
El Día de las elecciones tiene lugar
cada dos años, en noviembre.

La historia del Día de las elecciones

Mucho tiempo atrás, muchas personas dejaron Inglaterra. Se mudaron a las colonias norteamericanas.

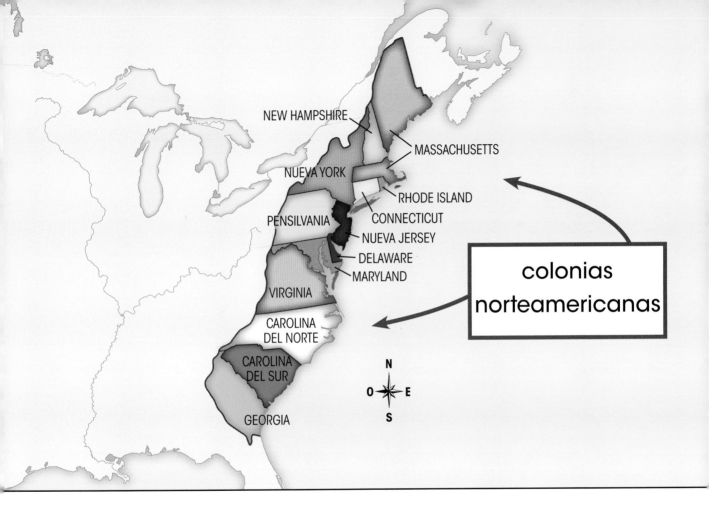

NEW HAMPSHIRE

MASSACHUSETTS

NUEVA YORK

RHODE ISLAND

CONNECTICUT

PENSILVANIA

NUEVA JERSEY

DELAWARE

MARYLAND

VIRGINIA

CAROLINA DEL NORTE

CAROLINA DEL SUR

GEORGIA

colonias norteamericanas

N O E S

Se los llamó colonos. Los colonos estaban gobernados por el rey de Inglaterra.

Los colonos querían fundar su propia nación. Lucharon contra Inglaterra para independizarse.

Los Estados Unidos de América se convirtió
en una nación. Se eligió una forma de
gobierno llamada democracia.

En una democracia, las personas eligen
a sus líderes.

En una democracia, las personas votan
por lo que desean.

En 1788, los estadounidenses votaron por primera vez.

Votaron para que George Washington
fuera presidente. El presidente es el líder
de los Estados Unidos.

Celebrar el Día de las elecciones

Cada dos años, las personas se reúnen en el Día de las elecciones.

Se vota por el presidente cada cuatro
años, en el Día de las elecciones.

En el Día de las elecciones, las personas votan para escoger otros líderes.

Las personas deciden qué quieren para su país.

¿Quiénes pueden votar?

En el pasado, no todos podían votar.
Las mujeres y los afroamericanos no
podían votar.

Actualmente, casi todos los estadounidenses mayores de 18 años pueden votar.

Los símbolos del Día de las elecciones

La papeleta es un símbolo del Día
de las elecciones. Las papeletas son
boletos que se usan para votar.

La bandera estadounidense es un símbolo del Día de las elecciones. Nos recuerda ser agradecidos por poder votar.

Calendario

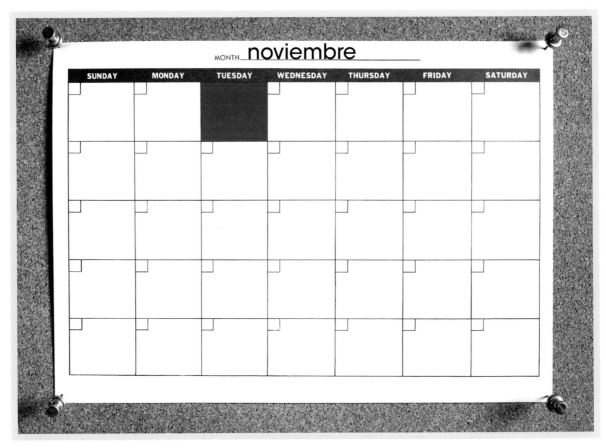

El Día de las elecciones tiene lugar cada dos años en noviembre. Es el primer martes después del primer lunes del mes.

Glosario ilustrado

papeleta tipo de boleto que se usa para votar

Índice

Nota a padres y maestros

Antes de leer

Pregunte a los niños qué saben acerca de votar. ¿Han visto votar a los adultos? ¿Han votado alguna vez (incluso si fue sólo levantando la mano en clase)? Explíqueles que los Estados Unidos es un país donde los funcionarios del gobierno son elegidos por votación para ocupar sus cargos y que el día en que las personas votan se llama Día de las elecciones.

Antes de leer

Escoja una actividad sobre la cual votar: qué libro leer en voz alta, qué alimentos incluir en una merienda especial, etc. Haga una urna y pida a los niños que escriban su voto en un pedazo de papel. Cuenten los votos de la clase, ¡y que gane la opción con más votos!